Rodulfo González

NOCHE Y OTROS POEMAS BREVES

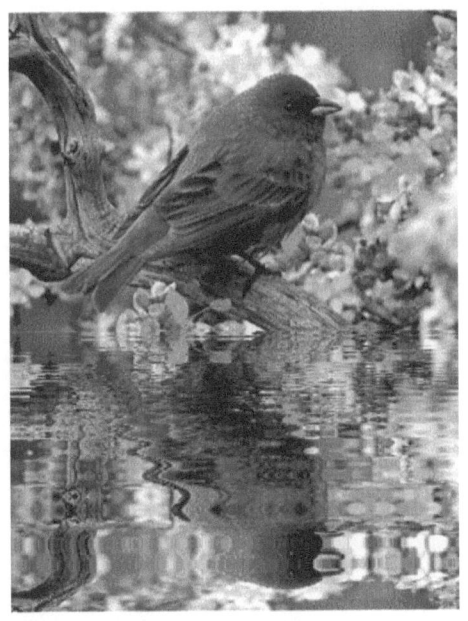

**Estado Nueva Esparta, Venezuela,
Agosto de 2018**

ISBN: 9781712869147

Producción:
Centro de Investigaciones Culturales
Neoespartanas
(CICUNE) cicune@gmail.com

cicune.org

Noche y otros poemas breves

Contenido

EL AUTOR	11
FARO	14
NOCHE	15
TARDE	16
MEDIODÍA	17
MADRUGADA	18
HAMBRE	19
QUEMADURA	20
BORRACHITO	21
IGNORANCIA	22
PACTO	23
TARDE II	24
BREVEDAD	25
MEJILLAS	26
CRISTAL	27
LLAGADOS	28
ESCONDITE	29
TOLERANCIA	30
HOMBROS	31
CHULINGA	32
BELLA	33
MONTE	34

SUTILIDAD 35

POTRO 36

PECO 37

MEJILLÓN 38

TRAUMAS 39

NACIMIENTO 40

BAÑO 41

MENDIGO 42

OFRENDAS 43

NIÑO 44

ERMITA 45

DESCANSO 46

LLORONA 47

SOMBRA 48

FE 49

HELADO 50

ALIMENTO 51

PALOMA 52

FUEGO 53

ANGUSTIA 54

FRAMBUESA 55

CAFECITO 56

LASTIMADO 57

ENFRÍALOS 58

TWITTER 59

NUBE	60
MIEL	61
SEQUÍA	62
AZULEJO	63
GRAMA	64
RASTROJO	65
ZAMURO	66
OTOÑO	67
PASTO	68
CONOTO	69
RUIDOS	70
CREPÚSCULO	71
NINFA	72
NIEVE	73
COCUYO	74
ROSAL	75
REGALO	76
CORTEJO	77
GUANÁBANA	78
PERLA	79
RELAX	80
MONTAÑA	81
OJOS	82
SOÑANDO	83
BESOS	84

MISTERIOS	85
ESTRÉS	86
ROTAS	87
LLAVE	88
FASTIDIOSAS	89
MOROCHO	90
CRISTALES	91
CEREZA	92
NÁUFRAGO	93
PENÉLOPE	94
LESIÓN	95
FICCIONES	96
PESIMISMO	97
AMALIA	98
MEMORIA	99
FUGACIDAD	100
ONÍRICAS	101
PESADUMBRE	102
DOMINIOS	103
CANTO	104
PIÑA	105
SEDENTARIO	106
PRISIÓN	107
NOMADISMO	108
MANSEDUMBRE	109

ADULTERIO 110

HERIDA 111

PROPIEDAD 112

TERNURA 113

FUGA 114

CERCANÍA 115

LEJOS 116

ASCENSO 117

MARTILLO 118

PERMISO 119

ANCLAJE 120

ZARPAR 121

VICTORIAS 122

MISERIA 123

FLACO 124

DORMIR 125

PLACIDEZ 126

ROCA 127

PALABRAS 128

COSECHA 129

ALBA 130

ENTRA 131

JORNADAS 132

CAÍDA 133

BAYONETA 134

VALORES	135
OTOÑAL	136
APARICIÓN	137
BAILE	138
CICATRICES	139
NIDO	140
MALTRATADORES	141
GRIPE	142
TROVADOR	143
HUIDA	144
COMPLICIDAD	145
SED	146
PIERNAS	147
ENTRAÑAS	148
LUZ	149
PROFUNDIDAD	150
EFÍMERA	151
QUEMAR	152

EL AUTOR

Eladio Rodulfo González, quien firma su producción periodística y de todo género con los dos apellidos, nació en el caserío Marabal, hoy en día parroquia homónima del Municipio Mariño del Estado Sucre, Venezuela, el 18 de febrero de 1935. Es licenciado en Periodismo, poeta, trabajador social e investigador cultural.

El 15 de abril de 1997 creó el Centro de Investigaciones Culturales Neoespartanas (CICUNE).

Publica diariamente los blogspots "Noticias de Nueva Esparta" y "Poemario de Eladio Rodulfo González".

Escribe en los portales poéticos Unión Hispanomundial de Escritores (UHE) Sociedad Venezolana de Arte Internacional (SVAI) y Poemas del Alma, de los cuales es miembro

Publicaciones digitales. Además de la presente obra, ha publicado en formato digital los títulos *La Quema del Año Viejo en algunos países latinoamericanos, La Quema de Judas en Venezuela (2017-2018), La Quema de Judas en Venezuela 2016, La Quema de Judas en Venezuela 2015, La Quema de Judas en Venezuela (2013-2014), Cuarta Antología de Poemas Comentados y Destacados, Dos Localidades del Estado Sucre, ¡Cómo dueles, Venezuela!, Primera Antología de Poemas*

Comentados y Destacados, Grandes Intérpretes del Bolero, Poemas Disparatados, Poemas Comentados, Gobernadores Contemporáneos del Estado Nueva Esparta, Textos Periodísticos Escogidos (dos volúmenes); *Prosa Digital Escogida, La Niña de El Samán, Cien Sonetillos, Poesía Política, La Historia de Acción Democrática en Tres Reportajes Periodísticos, Elegía a mi Hermana Alcides, La Niña de Marabal, Festividades Patronales del Municipio Antolín del Campo, La Libertad de Prensa en Venezuela, Ofrenda Lírica a Briceida, Cristo en la Devoción Religiosa Católica Neoespartana, Festividades Patronales del Municipio García, Patrimonio Cultural Mariñense, El Municipio Gómez del Estado Nueva Esparta, La Virgen María en la Devoción Religiosa Neoespartana, El Municipio Marcano del Estado Nueva Esparta, Segunda Antología de Poemas Comentados y Destacados, Cuatro Periodistas Margariteños, La Quema del Año Viejo, Festividades Patronales Mariñenses, Catorce Años de Periodismo Margariteño, Tercera Antología de Poemas Comentados y Destacados, La Quema de Judas en Venezuela y Grandes Compositores y Compositoras de Bolero.*

Publicaciones en papel. *El Gallo en el Arte, la Literatura y la Cultura Popular, Pelea de Gallos, Patrimonio Cultural Mariñense, Festividades Patronales Mariñenses, La Desaparición de Menores en Venezuela, Problemas Alimentarios del Menor Venezolano,*

Niños Maltratados, Háblame de Pedro Luis, Siempre Narváez, Estado Nueva Esparta:1990-1994, Caracas sí es gobernable, Carlos Mata: Luchador Social, Así se transformó Margarita, Margarita y sus personajes (cinco volúmenes; *Vida y Obra de Jesús Manuel Subero, La Mujer Margariteña, Breviario Neoespartano, Margarita Moderna, Festividades Navideñas, Cuatro Periodistas Margariteños, Morel: Política y Gobierno, Manifestaciones Culturales Populares de la Isla de Coche, Francisco Lárez Granado El Poeta del Mar, El Padre Gabriel, Manifestaciones Culturales Populares del Municipio Gómez, Manifestaciones Culturales Populares del Municipio Marcano, Ofrenda Lírica a Briceida, Marabal de Mis Amores, La Niña de Marabal, Elegía a mi Hermana Alcides, Dos Localidades del Estado Sucre* y los trípticos literarios *A Briceida en Australia, Colorido, Elevación, Divagaciones y Nostalgias.*

Publicaciones en CD. *La Libertad de Prensa en Latinoamérica y otros textos, Festividades Patronales Mariñenses, Elegía a mi Hermana Alcides, La Niña de El Samán, Marabal de Mis Amores, Festividades Patronales del Municipio Villalba y Festividades Patronales del Municipio Antolín del Campo.*

FARO

Sea tu luz
El faro prodigioso
De mis penumbras.

NOCHE

Luce tan seria
La noche señorial
Su traje negro.

TARDE

Todos los días
Dice, triste, la tarde:
¡Hasta mañana!

MEDIODÍA

Al mediodía
La brillantez del sol
Obra milagros.

MADRUGADA

¡Oh, madrugada!
Los labradores quieren
Que no te vayas.

HAMBRE

De hambruna mueren
Los inocentes niños
En Venezuela.

QUEMADURA

Quemé mis pies
De tanto desandar
Por mil desiertos.

BORRACHITO

Tienes un dios
Que siempre te protege
¡Oh, borrachito!

IGNORANCIA

No sé mi nombre.
Ignoro quién eres.
¿Cómo es odiar?

PACTO

Para Milángela

Pacto de amor
Por siglos y milenios.
¡Para vivir!

TARDE II

Tarde llegaste,
Amor, a mi covacha,
Con tu dulzura.

BREVEDAD

¿Por qué tan breves,
Son tus mensajes, vida,
Si extenso escribo?

MEJILLAS

Mejillas rosas,
Mejillas mandarina,
Mejillas fuego.

CRISTAL

En el cristal
De tus ojos lumínicos
Soñé despierto.

.

LLAGADOS

Fueron mis pies
Llagados por la arena
Del agrio yermo.

ESCONDITE

¿Por qué te escondes,
Amor, en las tinieblas
De mi soñar?

TOLERANCIA

Tu tolerancia,
De bíblico talante,
Nutrió al amor.

.

HOMBROS

Pondré tus penas
Y los pesares míos
Sobre mis hombros.

CHULINGA

Dulce chulinga,
No dejes de cantarle
A las mañanas.

BELLA

Eres tan bella
Desnuda en la penumbra
O en luz bañada.

MONTE

Quiero perderme
En el monte de Venus
De tu prudencia.

SUTILIDAD

Seca mis lágrimas
Con el velo sutil
De tus empeños.

POTRO

Potro indomable.
De soberbio talante.
¡Libre cual viento!

PECO

1

Si tomas agua
En un rústico peco
Sabrá mejor.

2

Peco por ti
Y por todas las chicas
Encantadoras.

MEJILLÓN

Desde mi casa
Disfruté del paisaje
De Mejillón.

TRAUMAS

Siento terror
Por los hirientes traumas
de...¿Cual infancia?

NACIMIENTO

En El Placer
Nació mi poesía
En magia envuelta.

BAÑO

Bañé tu cuerpo
Con aguas perfumadas
Para gustarte.

MENDIGO

El pordiosero
Va por las agrias calles
pidiendo pan.

OFRENDAS

Tu primavera
De sueños me ofrendaste.
Te di mi otoño.

NIÑO

En la humildad
De mi simple covacha
Juego a ser niño.

ERMITA

Eres la ermita
Donde yo, peregrino,
Humilde rezo.

DESCANSO

En tu regazo,
Suave lecho de rosas,
Descansaré.

LLORONA

Llorona loca,
Leyenda popular,
Ánima en pena.

SOMBRA

¿Si sombra fuera
Podría apoltronarme
En ti, bien mío?

FE

La fe me ayuda
A soportar tu ausencia,
Amor, amor.

HELADO

Sabor a helado
De riquísimas frutas
Tienen tus besos.

ALIMENTO

Eres el pan
Que doraste en el horno
Para nutrirme.

PALOMA

Paloma blanca,
Pregonera de paz
Y buenas nuevas.

FUEGO

Con la humedad
De tus labios jugosos
Vences mi fuego.

ANGUSTIA

Niña, tus besos
Fogosos y sensuales
Sanan mi angustia.

FRAMBUESA

¡Oh! la frambuesa
De tus trémulos labios
Quiero gustar.

CAFECITO

Un buen café,
bien negrito o con leche,
es energético.

LASTIMADO

¡Cuán lastimado
Está mi corazón
Por la maldad!

ENFRÍALOS

Un beso tuyo
En mis labios con fiebre
Los enfriarán.

TWITTER

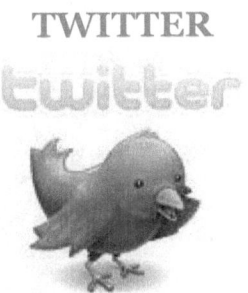

Pueden hacerte
ciento cuarenta letras
Dueño del mundo.

NUBE

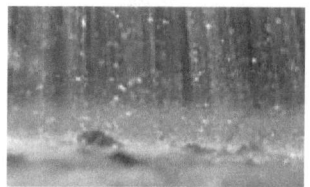

La arisca nube
Bendijo con sus lágrimas
Al yermo campo.

MIEL

Con mucho afán
La laboriosa abeja
Produce miel.

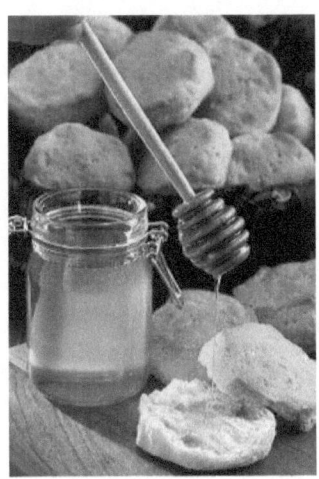

SEQUÍA

Secó el verano
Con su lengua de fuego
Los sembradíos.

AZULEJO

El azulejo
Compró en el firmamento
Su traje mar

GRAMA

En la pradera
Alfombrada de verde
Duerme la grama.

RASTROJO

En el rastrojo
Siempre quedan las huellas
De la cosecha.

ZAMURO

Siempre de negro
El goloso zamuro
Está vestido.

OTOÑO

Caen las hojas
De los frondosos árboles
En el otoño.

PASTO

En la sabana
Hay abundancia de pasto
Para el ganado

CONOTO

En el alto árbol
Su colgante morada
Hace el conoto.

RUIDOS

Son fascinantes
Los multiformes ruidos
Del verde bosque.

CREPÚSCULO

El mar se traga
Cuando muere la tarde
Al sol radiante.

NINFA

Cual escultor
Tallé en la dura roca
Mítica ninfa.

NIEVE

Cae del cielo
Cual copo de algodón
La alegre nieve.

COCUYO

Tiene luz propia
Para librar de sombras
La negra noche.

ROSAL

Planté un rosal
En tu jardín edénico
Con gran amor.

REGALO

Como regalo
Mirífico del cielo
Caen granizos.

CORTEJO

El padre Sol
Corteja con sus rayos
A la mañana.

GUANÁBANA

La blanda pulpa
De la áspera guanábana
Brinda salud.

PERLA

En las entrañas
De la nacarina ostra
Vive la perla.

RELAX

Es relajante
Por su vital sulfuro
Agua Caliente.

MONTAÑA

En la montaña
Derrocha paz bucólica
El montañero.

OJOS

Cubrí tus ojos
Con mis profanas manos.
¡Tapé tu luz!

SOÑANDO

Besé soñando
Tus labios sensuales
Y eran de fresa.

BESOS

Besos de miel,
Besos de caramelo.
Besos de coco.

MISTERIOS

¡Cuántos misterios
Esconderá la noche
En sus entrañas!

ESTRÉS

¡Cuán estresante
La carga de esta vida
Atormentada!

ROTAS

¡Viejas sandalias
Rotas de tanto andar
En los desiertos!

LLAVE

Amor fingiste
Para lograr conmigo
Tu libertad.

FASTIDIOSAS

Ya mis palabras
Dejaron de ser gratas
A tus oídos.

MOROCHO

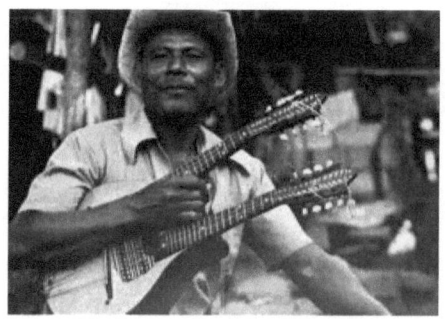

Fue prodigioso
El bandolín morocho
De Cruz Quinal.

CRISTALES

En los cristales
De tus pícaros ojos
Hay poesía.

CEREZA

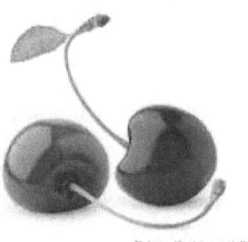

Como cereza
Son tus besos, bien mío:
¡Apetitosos!

NÁUFRAGO

Naufragar quiero
En tu furioso mar
Con mi barcaza.

PENÉLOPE

Bella Penélope,
Tejiste y destejiste
Fiel a Ulises.

LESIÓN

¿Dónde estará
El amor juvenil
Que hirió mis sueños?

FICCIONES

Grises castillos.
Princesas prisioneras.
Ogros gruñones.

PESIMISMO

¡Tanto desánimo!
¡Tanta desesperanza!
¡Tanta amargura!

AMALIA

Evelio Suárez
En el mundo de "Amalia"
Me sumergió.

MEMORIA

Gratos recuerdos
De "La Sucesión" guardo
En mi memoria.

FUGACIDAD

Fue tan breve
La vida de la rosa
De mi jardín.

ONÍRICAS

Sueños poéticos.
Sueños indeseables.
¡Húmedos sueños!

PESADUMBRE

¿No te verán
Más mis ojos, bien mío?
¡Qué pesadumbre!

DOMINIOS

Cual primavera
Llegaste a mis dominios
A embellecerlos.

CANTO

Para ti, amor,
Su canción más hermosa
Cantó el turpial.

PIÑA

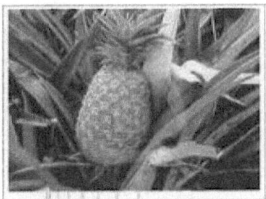

En el plantío
De tu edénico mundo
Cultivé piña.

SEDENTARIO

Fui sedentario
Para sentirte mía
Mujer soñada.

PRISIÓN

Tu fascinante
Sencillez de rocío
Es mi prisión.

NOMADISMO

Como gitano,
-Impenitente nómada-
Viví errabundo.

MANSEDUMBRE

Como fue manso
El cielo recibió
Por heredad.

ADULTERIO

Miré tu cuerpo
Con pícara lujuria.
¡Y adulteré!

HERIDA

Pájaro herido
Por la piedra letal
Del cazador.

PROPIEDAD

De mi pobreza,
De mi hambre y mis afanes
Soy propietario.

TERNURA

¡Cuánta ternura
Encuentra mi alma herida
Entre tus brazos!

FUGA

**Huyen las sombras;
Las luces del saber
Las han vencido.**

CERCANÍA

Que de la vida
Más cerca de la muerte
Me encuentro ya.

LEJOS

Puedo palparte
Con mis rugosas manos
¡Y estás bien lejos!

ASCENSO

A general
El teniente malandro
Logró ascender.

MARTILLO

Con un martillo
Derrumbaré los muros
Que nos separan.

PERMISO

¡Qué quieto está
El mar de tu cariño!
¿Puedo bañarme?

ANCLAJE

Anclé mi nave
En el tranquilo puerto
De tu regazo.

ZARPAR

Desde tu costa,
Fascinante mujer,
Surqué tres mares.

VICTORIAS

Vencí fantasmas.
Estrangulé tormentas.
Rendí a mis miedos.

MISERIA
Deja este mundo,
Repugnante miseria.
¡Vete al infierno!

FLACO

Mi pobre cuerpo,
Por mal alimentado,
¡Está tan flaco!

DORMIR

Puede dormir
En tu lecho de rosas
Mi poesía.

PLACIDEZ

Mis sueños líricos
Con los potros del cielo
Galopan plácidos.

ROCA

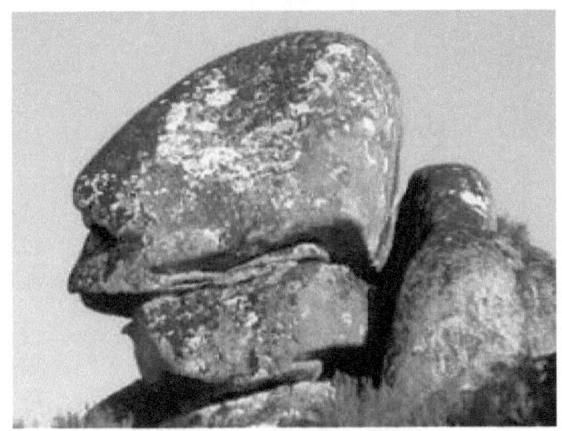

Materia prima
Del genial escultor
Es ¡Oh, la roca1.

PALABRAS

Palabras finas,
Palabras ordinarias.
¡Pero palabras!

COSECHA

Ópimo fruto
Del árbol de la vida
Fue mi cosecha.

ALBA

La espesa noche
Sufrió terrible herida
De la luz alba.

ENTRA

**Abrí la puerta
de mi avejentada alma
Para que entraras.**

JORNADAS

Mis mil jornadas
Cubrí con naves propias
¡Oh, amor, bien mío!

CAÍDA

Cuando caí
Tú, sí, me levantaste
Y seguí mi camino.

BAYONETA

La bayoneta
Del siniestro sargento
Hirió mi cuerpo.

VALORES

Fangos crucé
Sin salpicarme,
Por mis valores.

OTOÑAL

Cerca de la muerte,
Lejos de la vida.
¡El otoño ya!

APARICIÓN

Aparece la noche,
Cuando muere la tarde,
Compañera del día.

BAILE

Navidad Negra
De pescadores.
Ron y tambores.

CICATRICES

No cicatrizan
Las heridas abiertas
Al corazón.

NIDO

Ave de paso,
¡Oh! no quiero que seas
En mi covacha.

Haced tu nido
Para siempre, bien mío,
En sus entrañas.

MALTRATADORES

¡Qué crueles son
Los padres que maltratan
Al débil hijo!

GRIPE

Gripe maligna,
No maltrates mi cuerpo.
¡Vete bien lejos!

TROVADOR

Cual trovador
Llevé una serenata
A tu balcón.

HUIDA

Huyó la tarde,
Cansada ya del día,
Hacia la noche.

COMPLICIDAD

La luna fue
Cómplice, prenda mía,
De nuestro amor.

SED

Mis pobres labios
Tienen sed de los tuyos.
¡Sáciala ya!

PIERNAS

¡Pobres piernas mías!
De tanto caminar
Están exhaustas.

ENTRAÑAS

Covacha mía
¡Cuán a gusto me siento
En tus entrañas!

LUZ

Cuando llegaste
A mi obscura covacha
Se hizo la luz.

PROFUNDIDAD

Navegar quiero
En la profundidad
De tu mar único.

EFÍMERA

¿Por qué te fuiste
Tan pronto de mi vida,
Oh, juventud?

QUEMAR

Sólo tus labios
De volcánico fuego
Queman mis penas.

www.ingramcontent.com/pod-product-compliance
Lightning Source LLC
Chambersburg PA
CBHW030646220526
45463CB00004B/1652